Muhammad.J.

Muhammadi

ska vi

dansa?

Tillägnad:

Den här boken är till er alla som har ett genuint intresse för upprätthålla någon form av rättvisa när det kommer till missriktad skam. Det är inte vi som inte har något val som ska skämmas utan skammen tillhör de personer som utnyttjar tillfället och människors sårbarhet. Människor som i detta fall utnyttjar unga människors sista försök till någon form av överlevnad.

Tack!

Jag vill tacka er alla som har stöttat mig under min vistelse i Sverige Jag vill speciellt tacka Cim som jag bor ihop med, min farfar Börje och min farmor Marianne, utan er hade min tid i Sverige varit svår att genomlida. Tack vare er kan jag känna livsglädje och ett skratt alltid nära till hands.

Tillägg

Med största sannolikhet kommer ni läsare hitta grammatiska fel, jag ber er ha överseende med detta då jag ännu inte har fått mitt betyg i svenska.

©Muhammad. J Muhammadi 2018
Förlag: BoD – Books on Demand, Stockholm, Sverige
Tryck: BoD – Books on Demand, Norderstedt, Tyskland
ISBN: 978-91-7699-687-4

Förord

Fenomenet finns dokumenterat i ett fåtal artiklar och vi kan se dokumentärer och Youtube klipp som avslöjar en liten glimt om hur det kan vara, men väldigt få av oss som egentligen vet vad det innebär, vågar träda fram och ge en mer detaljerad bild. Vi som har upplevt detta fenomen bär ofta på en missriktad skam som är lika svår att tvätta bort som det är att återställa ett ansikte som har blivit utsatt för ett syraangrepp. Sanningen stinker och ser obehaglig ut. I våra familjers ögon är skammen omöjlig att rengöra och direkt kopplat hedern.

I hopp om att flera ska vågar träda fram tänker jag öppna min dörr och släppa ut sanningen tillsammans med den stank som jag förknippar den med. Rök, svett och sperma och värst av allt, rädsla.

I mitt hemland har vi ett kulturarv som få vill prata om, något som heter Bacha Bazi. Traditionen går ut på att vuxna män rekryterar unga pojkar till något som i vissa fall kan liknas med dansande prostitution. Få vet vad det egentligen innebär, men jag vet tyvärr det. Att bli rekryterad är enligt mig inte ett sätt att överleva på utan mer en strategi för att dö lite långsammare. Många av oss är barn och ungdomar, andra är unga vuxna som har gått från att bli utsatt till att bli förövare.

Att enbart barn ligger i riskzonen för att falla offer för detta fenomen är därför bara en myt eftersom att många som överlever fenomenet fysiskt, dör en själsligdöd och ofta blir en människa beroende av droger och pedofila lustar. Det är som att välja mellan pest eller kolera.

I Sverige finns det hjälporganisationer som är väl insatta och aktivt försöker förhindra riskerna med att barn och ungdomar ska bli utnyttjade på olika sätt. Sverige har lagar som ska fungera som ett skydd med hänvisningar till FNs barnkonvention. Samtidigt som detta sker gör myndigheter och några politiska partier skillnad på ungdomar som är födda i Sverige och ungdomar som har flytt hit av olika anledningar. Hur denna ekvation går ihop är för mig ett mysterium.

I mitt hemland är det olagligt att förgripa sig på ett barn, alla vet om det men det tystas ner. Anledningen till det är att mänskliga övergrepp har blivit en markör och ett sätt att hävda en förhöjd status på. Det här är något som vi kollektivt skäms för, jag och mina landsmän. Få vill prata om det öppet eftersom att det finns två sidor av myntet, men gemensamt bär vi alla på en inneboende rädsla av att stanken från sanningen ska komma ut. När vi kollektivt skäms, skäms vi för olika saker även om sanningen och stanken nästan är densamma. En del av oss stinker av rädsla för att nya övergrepp ska ske, för andra är det rädslan över att bli påkommen som förövare som stinker.

Som en f.d. "Bacha" ligger du alltid i riskzonen för övergrepp. Även om du inte berättar för någon om ditt förflutna är det som att vissa kan läsa av dig som en öppen bok, och konstigt vore det annars. Vi präglas utav det vi har varit med om. I mitt fall har jag blivit tillskriven min sexualitet, vilket innebär att många tror att jag är homosexuell. Mina attribut bryter mot heteronormerna. Attribut som jag själv inte

tänker på att jag har men som andra läser av. Ex,
hur jag rör mig, hur jag klär mig och vilken
tonart min röst befinner sig i.

Attribut som med största sannolikhet är
medfödda men som också är spår från tidigare
övergrepp.

Trots att jag har flytt från förövare i mitt
hemland finns det unga förövare i Sverige också.
Själsdöda förövare med stor aptit för droger och
pedofila lustar. En del av dessa människor
kommer kunna gå så långt som att förneka att
fenomenet bacha bazi existerar, men deras försök
till att tysta ner fenomenet kommer med rättvisa
inte övertäcka stanken av deras rädsla att bli
påkommen. Andra kommer kanske pga.
missriktad skam försöka tysta ner den sanning
som jag nu delar med er. Att tala öppet om det

här tabu och vissa anser till och med att fenomenet tillhör en kulturell tradition.

Sedan jag anlände till Sverige har jag rent av försökt radera mina minnen av mig dansades i kläder som fick mig att likna en orientalisk prinsessa mer än den 15åriga pojke som jag då var. Trots att jag endast har berättat för två personer om det jag har varit med om har inviter och tafsanden varit en del av min vardag sedan jag anlände till detta avlånga land. Det tog mig lång tid innan jag kom underfull med hur stanken lyckades följa med mig hela vägen ifrån Pakistan till Sverige.

Efter mitt första avslag från migrationsverket kom insikten till mig lika oväntad som en smygande tjuv om natten, vi måste bryta gamla mönster och prata öppet om det vi har varit med om. Annars riskerar vi att stå inför samma öde en gång till, då Sverige inte inser allvaret i fenomenet. På grund av missriktad skam synliggörs inte problematiken. Vid ett uppföljningssamtal fick jag förfrågan:

Vad ska du göra om det blir så att du måste åka till Afghanistan?

Jag svarade sarkastisk:

– Jag får väll dansa.

Min stackars handläggare var en aning oförberedd på mitt svar, att hon blev illa tillmods var uppenbart. Det sorliga är att det här är den verklighet som jag och tusentals andra unga vuxna står inför när vi i framtiden utvisas till Afghanistan. Det är därför jag på något sätt måste våga öppna dörren och släppa ut sanningen och stanken som kommer med den.

Om det är värt det eller inte kan jag i dagsläget inte svara på.

I samband med att jag står och gläntar på dörren ökar ångesten, mardrömmarna och andra symtom som är vanliga för PTSD. Jag har sökt hjälp och fick den här gången ganska omgående en remiss till kris och trauma enheten. När jag väl var där för inskrivning möttes jag av orden:

– just nu har vi en väntetid på 8 månader.

Ska öppna dörren för myndigheter och allmänhet, släppa ut sanningen och stanken utan någon som helst professionellt stöd!? Jag avslutar mitt förord med att konstatera följande: Min historia kommer att granskas, ifrågasättas och kanske till och med av vissa förnekas.
Amen!

Hajarna

Ni har säkert hört begreppet " falla mellan två stolar" Det är precis vad som har hänt mig sedan jag kom till Sverige, men det är också en av orsakerna till att jag flydde ifrån Pakistan. Jag har alltid varit annorlunda, som om jag vore född i fel kropp eller född utav fel person.

Jag har sett annorlunda ut, tänkt annorlunda och bettet mig annorlunda sedan tidig ålder. Tidig blev det en tradition i mitt liv att jag hamnade i oönskade och problematiska situationer eftersom att jag följde min intuition istället för de kulturella normerna som rådde. Jag var oval men min omgivning var fyrkantig. Till mina föräldrars stora förskräckelse innebar detta att jag ofta gick min egen väg.

För att ni ska kunna förstå helhetsbilden kring varför och hur ett barn hamnar i fenomenet Bacha Bazi måste en mer övergripande bild målas upp. Alla barn och unga vuxna riskerar inte att uppslukas av fenomenet, förövarna väljer nämligen ut sina offer som hungriga hajar. De väntar, observerar och slår till när personen är som mest sårbart och blöder som mest.

Olika familjeförhållanden kan bidra till att barnet blir sårbart och blöder. Den mest påtagliga faktorn är fattigdom, en del familjer behöver rent av mata hajarna med sina familjemedlemmar för att överleva själv. Andra barn och unga vuxna blir inringade av hajar på grund av familjens avsaknad. Trots förbud och lagar lyckas hajarna oftast undkomma konsekvenser av olika slag, många gånger beror det på att hajarna är högt uppsatta män med betydelsefull makt.

Mr. Dentist

Som barn upptäckte jag hur andra män och kvinnor kunde titta på mig, det utvecklades till en ihärdig förbannelse, länge trodde jag att det var mitt fel och känslan bekräftades när min mamma ursäktandes förklarade för mig:

– Det är något som du får räkna med när du föds vacker.

Jag minns att jag därefter försökte anstränga mig till att vara ful.

Det var en torsdag och jag skulle till tandläkaren för första gången. Med dansande fjärilar i magen tittade jag på när korta pappa vankade ut genom dörren. Under hans tunna hår skymtades en flint

som han omsorgsfullt försökt kamma över.
Tandläkaren tog i mot mig med ett varmt leende
på läpparna, i kläd i kostymbyxor och piké tröja
såg hans brunbrända ansikte ut som vem som
helst.

Hans leende bländade mig och jag minns att jag
övervägande hade slutna ögon eftersom att
fjärilarna i magen dansade omkring likt en
tornado och min blyghet gav sig till känna
genom rödrosiga kinder. Jag skämdes för att jag
var så blyg. Mr. Dentist bad mig att sitta still i
stolen som strategiskt var placerad mitt i rummet.
När han böjde sig över mig kom det en våg av
främmande lukter ifrån honom. En sötsur
tobaksdoft blandat med en vag svettdoft och
stark Cologne.

- Gapa, sa han.

Spänt halvlåg jag i den enorma stolen och gapade så stort att käkarna spände, jag gissar att mina 5årständer i perspektiv till allt annat som var så stort i rummet måste ha sett ut som okokta riskorn. Konsistens av de blå plasthandskarna var främmande men spännande, då och då kisade jag till för att se Mr. Dentist, men fördrog klart att blunda helt. Det som inte syns finns inte, tänkte jag. Plötsligt rynkade min näsa till av en hastig reflex, smaken och konsistensen i munnen hade förändras. Det tog några minuter innan en annan mer hulkande reflex tog över, det var Mr. Dentist som försökte trycka ner sitt könsorgan i min mun.

Mammas ord ekade i mitt huvud:

– Det är något som du får räkna med när du föds till ett vackert barn! Vad Mr. Dentist gjorde med mig den dagen, präglade mig för resten av mitt liv.

Pappa vet bäst

I den kultur som jag har vuxit upp i har pappan
en betydande roll i familjen och han är
överhuvudet. I vissa fall kanske det är en bra
konstruktion men för min familj var det inte så.
Min pappa tog alla beslut och familjen hade inget
att säga till om, när och om vi väl gjorde det slog
pappa oss och framför allt mig. Vid sådana
tillfällen spelade det inte någon roll att jag hade
födds till ett vackert barn.

 Pappa visste bäst och hela familjen stod under
hans regim, som ett berg täckt av is. Han
uppmärksammade att jag var oval och
omgivningen fyrkantig och det retade gallfeber
på honom. Eftersom att pappa visste bäst satte
han mig i en skola som han ansåg skulle forma

om mig till en fyrkantig person. I den fyrkantiga skolan var jag ensam oval och för det blev min dagslön stryk.

Varje morgon väckte doften av mammas nybakta bröd mig. Min näsa och mage vaknade före mig och drog mig sömndrucket till köket där jag varje morgon satte mig på golvet för att tillsammans med mamma äta frukost i absolut tystnad. Efter frukosten och innan mina småsyskon vaknade och fyllde huset med liv tog min mamma farväl av mig när det var dags att färdas till skolan.

Mammas bröd

2 kaffekoppar mjöl	*1 ägg*
½ kaffekopp olja	*1 kaffekopp varm*
mjölk	
½ msk torrjäst	*½ msk salt*
½ msk vallmofrö	

Det tog upp till 45 minuter att normalt cykla till skolan, kanske fördröjdes färden en aning av den ovilja och frustration som tyngde mig varje morgon av att åka dit. Varje dag stod jag inför samma öde. Eftersom att jag var oval och dessutom Shiapraktiserande på skolan kunde jag alltid räkna med att personer som Tripp, Trapp och Trull skulle stå och vänta på mig som en flock vargar. De slet mig i stycken och varje dag kom jag hem men nya blåmärken

. I Sverige har jag hört att "det som inte tar kål på dig, härdar dig" och så var det för mig också, jag överlevde vargattackerna men till priset att mitt inre gick söder. Istället för att känna en belönade styrka växte ett självförakt fram efter varje överlevande dag. Det kändes avskyvärt att behöva ta till fysiskt våld i självförsvar bara för att få uppleva en ny morgondag. Jag var rädd för att det skulle transformera mitt mjuka inre till en kall sten.

Min pappa som alltid hade rätt gav upp tillslut och lät mig sluta skolan. Han tog i mot mig som den förlorade sonen men i stället för att ordna en fest åt mig satte han mig i hårt arbete. Kanske var det hans plan redan från första början? Att jag skulle bli nedbruten eller så satte han mig i skolan som ett sista försök och hopp till att jag skulle bli mer lik de andra barnen. Vad vet jag? Pappa vet bäst!

Barnarbete

Några kvarter ifrån huset som vi bodde i låg pappas skobutik. Varje morgon gick vi dit tillsammans i en samlad skara. Jag, min bröder och min pappa. Produktionen och vinsten blev mer påtaglig om verksamheten kunde hållas inom familjen utan några utomstående anställda. Utifrån en svensk norm skulle mitt arbete hos pappa kunna tolkas som barn/slavarbete men för mig och många andra arbetande unga var det bara en del av vardagen.

Min främsta uppgift var att sälja skor och att sälja skor i Pakistan är lika svårt som att få en kamel att gå genom ett nålsöga. Prutningen kunde ske i timtal och konkurrensen var stenhård, i slutändan blev vinsten endast 500 rupies vilket motsvarade ca 50 kr. På en yta som var mindre än 20kvm tillverkades och såldes skor som en levande fabrik. Utanför skobutiken släpade jag fram en tung ställning varje morgon. Ställningen var som en julgran, prydd med de finaste butiken kunde erbjuda.

Inne i den trånga lokalen hängde skor överallt och i skräddarsits satt min pappa på golvet och tillverkade skosulor av gamla bildäck. Tekniken var speciell och den spred pikanta dofter av bränt gummi och damm. Men i kombination med dofterna från kardemumma teet som vi dagligen drack förenades odörerna i slutändan i ett lyckligt äktenskap. Under den här tiden då jag arbetade för min pappa fick jag arbeta utan lön och utan frihet. Jag vaknade inte längre utav doften från mammas nybakade bröd utan mestadels av pappas stryk. Alltid var det något som provocerade honom. Ibland fick jag stryk bara för att han inte tyckte om hur jag såg ut och ibland fick jag stryk för att jag försökte motsätta mig hans regim. Det kändes som om att min enda livsuppgift var att göra som han sa.

Idag förstår jag att det var frustration som bidrog till att pappa var så våldsam och envis. Något som jag då inte reflekterade över men som jag i dag har ögnat åtskilliga tankar till. Det var inte mitt fel att jag var oval och annorlunda det var han som var fyrkantig och han försökte liksom många andra applicera gamla traditioner i en nyare tider.

Äktenskap

När jag var 15 år kom pappa på en
universallösning (dvs. arrangerat äktenskap).
Min tilltänkta brud och pappas främsta kandidat
var en granne. Jag kan inte beskriva hur det
kändes att behöva tänka på äktenskap när jag
egentligen bara var en tonåring. Men
barnäktenskap är en gammal tradition som
fortfarande appliceras i nyare tider. Många
föräldrar anser att det är deras rätt att bestämma
när och vem deras barn ska gifta sig med. Vad
barnet tycker och känner har oftast ingen
betydelse. En del ungdomar finner sig i det
medan andra likt mig liknar äktenskapet med en
vild fågel i bur. Under den här tiden höll insidan
i min kropp som såg ut som en Hazara, hade ett

ursprung i Afghanistan men levt hela sitt liv i Pakistan, på att dö. Att födas som en Hazara är nog svårt i dessa tider, då andra människor med glädje försöker utrota en för något som hänt långt tillbaka i historien. Sätt det sedan i ett perspektiv att jag skulle få leva mitt korta liv tillsammans med någon jag inte själv har valt och som en slav åt min pappa.

Enligt många var hon vacker som en sommar dag, enligt mig var hon som en öken, uttorkad och färglös, men framförallt var hon formad av kulturen som omgav henne och utan tradition skulle hon vara lika borta som en nål i en höstack. Hur skulle jag kunna vara hennes man när jag inte ens kunde vara mig själv? Och hur skulle hon kunna vara min fru när hela hennes existens byggde på andras förväntningar?

Rabalder uppstod utan dess like, när jag vänligt men bestämt avböjde förslaget.

Jag försvann in i mig själv när pappas knytnävar och sparkar träffade min kropp. Blodsmaken i munnen påminde mig om att jag levde och mammas klagoskri ringde som klockspelen i Notredam måste ringt, högt och sorligt.

Trots min pappas föga längd kastade han bokstavligt ut mig, min mamma och mina småsyskon på gatan. Det blev konsekvensen till att jag vägrade upprätthålla hans heder. Ändå var detta milt gjort av honom för hade det inte varit för mamma, hade han slagit ihjäl mig. Yr, arg och oförmögen till att tänka klart betraktade jag min mamma sittandes på gatan med min yngsta syster i sitt knä. Deras falsett skrik överröstade aktiviteterna på gatan och då och då sträckte mamma upp sina armar mot himlen som om hon trodde att Allah själv skulle ge henne en tröstande famn. Mammas religiositet är nog den största anledningen till att hon har överlevt så länge i sitt hårda liv. Så länge hon har haft Allah nära har hon överlevt det mesta.

När kvällen kom och blodsmaken i munnen avtagit en aning värkte samvetet värre än vad kroppen hade gjort under pappas hårda slag. Vad hade jag gjort? Min mamma och mina småsyskon var hemlösa på grund av mig. Vad skulle hända nu? Tack vara min mammas goda rykte och välrespekterade religiositet öppnade några vänner sitt hem för henne, värre var det för mig, för personer som skändat heder väntar inga varma hem. Rotlös vandra jag omkring med en vag aning om vart jag var på väg. Som 15 årig på gatan fanns det inte allt för många alternativ. Nu leder detta in på en annan del av mitt liv som jag gärna inte vill prata om, men jag förstår vikten i att jag gör det för att ni ska få ta del av sanningen och stanken som kommer med den.

Kulturarvets mörker

Ett av våra mörkaste kulturarv är något så få vill prata om, något som heter Bacha Bazi. Det går ut på att vuxna män rekryterar unga pojkar till något som kan liknas med prostitution. Fenomenet är väl utspritt och ser snarlikt ut. Spekulationerna kring uppkomsten varierar beroende på vem du frågar, men fenomenet finns fotodokumenterat redan under 1900-talet början.

Mörbultad anlände jag efter ett okänt antal rotlösa timmar till Habib Nala. Området Habib Nala sträcker sig längst Quettas utsläpp av avloppsvatten. Där bor missbrukare, hemlösa och det är ett ställe som män från olika samhällsklasser plockar upp Baca. Stanken från avloppsvattnet är lika äcklig som det som pågår där.

Efter två dagar smutsig och utan mat mötte jag en man som lät mig sova i hans provisoriska tält, jag förstod att det inte skulle bli gratis men vid det här tillfället var jag som död inombords av sorg och hunger. Han erbjöd mig lite mat och frågade om jag ville ha haschisch. Jag tog tacksamt i mot maten men tackade nej till drogerna, mestadels för att de stank.

Jag vet inte hur många dagar jag sov, det var som om jag befann mig i en dvala. Kroppen läkte inte lika snabbt som den hade gjort när mamma tog hand om mig. Haca som mannen hette frågade mig efter några dagar om jag ville tjäna pengar, vid detta tillfälle förmådde jag mig inte till att säga nej. Även om mina mamma och mina syskon bodde hos några vänner visste jag att jag behövde bidra till försörjningen. Det var ju mitt fel att mamma hade blivit utkastad. Vad som än väntade på mig i detta jobb kunde det väll ändå inte vara värre än hur det hade varit att jobba för min pappa eller bli utsatt för övergrepp av en tandläkare mm. Så här gick mitt tankeresonemang.

Och så kom arbetsdagen. Haca såg till att jag blev upplockad och skjutsad till en annan plats. Under den här färden och de kommande färderna hade jag alltid ögonbindel och utan undantag slutade färderna alltid i fina hus i bättre områden. Bilen som plockade upp mig hade tonade bakrutor och kilimklädda säten. Radbanden som hängde runt backspegeln rasslade i otakt till musiken som strömmade ut ifrån radion. Vi åkte i drygt 2 timmar innan vi kom fram till ett stort hus.

Said, en strålande stjärnan

På plats fick jag duscha, en äldre man kom
ogenerat in i duschen och gav mig en rakhyvel.
Han observerade varenda centimeter av mig,
hans ögon lyste och kinderna var rosenröda.
Krampaktigt försökte jag kyla mig. Det var som
om han hade röntgensyn, försiktigt tog jag emot
rakhyveln och hoppades innerligen att han inte
hann se lika mycket som jag befarade.

Tre män stod i rummet utanför duschen och
dividerade om vad vi skulle ha på oss, det visade
sig att det ville att vi skulle hålla en
modevisning. På en dubbelsäng låg kläderna i
turordning efter männens önskemål. En annan
pojke var också där och han var i min ålder.
Bekvämt gick han runt med handduken runt
midjan och då och då fick han ömma smekningar

av männen. Han verkade inte ett dugg brydd,
nästan motsatsen faktiskt. Vi fick till middagstid
att göra oss i ordning. Said som pojken hette
hjälpte omsorgsfullt mig att måla naglarna
klarröda. Då och då klappade han mig på kinden
och sa:

– Var inte orolig, nu blir du väl omhändertagen.

Mina tankar snurrade och mitt hjärta slog som
om jag hade sprungit ett maraton, det kändes
som en dröm men blodsmaken i munnen
påminde mig om att jag var vaken.

Saids röst var som min röst ljusare än vad som är
normalt för pojkar i vår ålder. Jag fick den
bestämda känslan att han till skillnad ifrån mig
framställde sin röst, varför han nu skulle vilja
det? Min kropp var len som sammet och glänste
som siden. De blåmärken som fanns kvar

sminkades över. Jag klev i en nästan transparant tunika. Framför spegeln såg jag inte längre mig själv utan en ung kvinna som var lik mig, en prinsessa "tagen ur tusen och en natt". Said uppmanade mig till att le och flirta med ögonen, Jag hade inga tidiga preferenser, fram tills nu hade det inte funnits någon tid för att flirta, jag upplevde inte heller att någon hade flirtat med mig på ett sätt som jag ville vidare applicera...

Vinglandes följde jag Saids när han med sin mycket speciella och inövade gångstil gick mot rummet där männen väntade. Han lyste som en stjärna, jag däremot kände mig som min tilltänkta brud såg ut, som en torr öken. Vi möttes av applåder, förvånat såg jag mig omkring i det stora rummet. Männen satt tätt och prydde golven som mattor. Det gick inte att

gömma sig, vilket håll jag en vände mig åt
stirrade ett par ögon förväntansfullt på mig.

När vi skulle äta skickades jag omkring som om
jag vore en pokal som alla ville putsa. Männen
ville sitta nära för att då och då försöka lägga
min hand i deras erigerade knä. Said stank som
Habib Nala när kvällen närmade sitt slut, avlopp
och alkohol, min stank bestod av rädsla och
skam. Som betalning för denna kväll fick vi 3000
rupies var och en skam som aldrig kunde tvättas
ur. Det var den här kvällen som blev ett startskott
för det som kom att bli min tid som bacha i
fenomenet bacha bazi.

Det som blev över efter att Haca tagit sin
beskärda del gick oavkortat till mamma. Hon
frågade mig vart pengarna hade kommit ifrån
och jag svarade med en lögn, om att jag hade

samlat skräp och sålt till återvinningen. Min mamma var inte dum, men jag tror att hon valde att tro mig för att något annat skulle hon inte klara av, hedern är en central punkt och med största sannolikhet var det lättare för henne att inte veta.

En ny tid

Diset av avgaser bäddade in Habib Nala varje
morgon. Luften var varm och mina kläder var
utan undantag blöta varje dag när jag vaknade.
En flytt väntade mig. En man hade föreslagit att
jag, Said och två andra pojkar skulle bo
tillsammans, självklart på hans bekostnad, i ett
av hans lägenhetskomplex. Said som redan hade
ett annat betalt uppehälle var tveksam till
förslaget. Det verkade som om han värnade om
sitt privatliv men efter nya hägrande löften gav
han med sig.

Lägenheten som visserligen låg ett stenkast från
Habib Nala bestod av fyra väggar, en dusch och
ett gäng kackerlackor. Där skulle vi bo, för min
del var det hundra gånger bättre än att sova i

Hacas tält så från mig kom det inga klagomål. Said såg sig omkring, tog en väsentlig hörna och började genast dekorera i den mån det gick. Ett litet bord förvandlades till ett sminkbord och där ställdes smink och parfym fram. Han hängde omsorgsfullt upp några kläder på en hemmagjord galge. Då och då betraktade han plaggen ömt som en fågelmor ser på sina fågelungar. Han var verkligen en stjärna som lyste upp vardagen, bland kackerlackor och oss rumskompisar.

Tillsammans med mig och Said skulle ett syskonpar också bo, på tio och tolv år. Med tanke på deras ringa ålder var det lätt att tro att dessa barn skulle vara oskyldiga som vilsna rådjur, men så var inte självfallet. Arif den äldre var liten till växten men hade en skargång som hette duga. Oblygt skämtade han om att han endast var nio år när han för första gången sålde sig själv för 50 rupies, som i dagens valuta skulle det motsvara ca 5 kr. Syskonparet var tungt beroende av droger. På dagarna sniffade de lim och på kvällarna rökte de haschisch. I min befängdhet reflekterade jag över vad deras insats skulle kunna tänkas bestå av, utan att hitta ett svar förlikade jag mig med att de säkerligen skulle fylla någon form av funktion för någon. Och senare fick jag lära att jag hade rätt för desto yngre en pojke var desto mer eftertraktad och uppvaktad blev han.

Kvälls rutinerna var ofta den samma. Vi gjorde oss i ordning och blev upplockade för kvällsaktiviteter. Dansen blev en del av vardagen med allt som hör där till.

I rummens centrum stod vi pojkar ensamma eller tillsammans väntandes på att få utföra dansen, vi som var lite äldre var klädda i kvinnokläder och sminkades med kajal och läppstift för att förhöja olika kvinnliga attribut. Ibland räckte dock det inte med smink och kvinnokläder. Ibland dekorerade männen oss även med bjällror som om vi vore nötkreatur, detta medförde till att varje danssteg avgav ett specifikt ljud. Och ljudet och kroppen blev vår identitet. När danserna var slut blev det ofta budgivning och den högst betalande åskådaren kunde vinna en "privat" dans.

Det är bara en viss tid som en person klarar av att blir utsatt för övergrepp som också förekom, antingen förvandlas personen till förgripare eller så dör personen. Ett nära betraktat exempel var när Arif den store tvingade Arif den lille att ge sin rumpa åt honom. Arif den lille hulkade av gråt men övergick snabbt i ett apatiskt läge med hjälp av limmets inverkan, Said sov och jag blundade. Det jag inte ser finns inte, intalade jag mig själv. I efterhand har jag ångrat att jag inte ingrep den gången, men det var som om jag blev förlamad, det var som om det hände mig. Så kom det en dag då Arif den lille försvann lika snabbt som den sista sommardagen försvinner oväntat, ingen visste vart den lille 10 åringen hade tagit vägen, men jag hade mina misstankar.

I mitt fall väntade också återigen död, men den här gången var det inte bara min insida utan främst min utsida som såg ut som en Hazara, hade ursprung från Afghanistan men vuxit upp i Pakistan som höll på att dö. Det går inte att förklara hur ont det gör när någon tar på kroppen utan lov. Jag hade fallit mellan två stolar, död väntade mig, vart jag än vände mig. Strax innan jag påbörjade min flykt hade jag tre val. Chansa och försöka komma hem till pappa, bli bortgift och sedan hoppas på att min tid som Baca inte skulle komma fram, fortsätta där jag var och vänta på en förtidig död eller försöka fly till ett annat land med andra värderingar. Jag bestämde mig för att fly till Europa därför att mina grannländer också har liknande kulturarv som Pakistan. Jag påbörjade min flykt den 16/8-15 datumet är som fast etsat i mitt minne eftersom att det var två dagar efter att Pakistans självständighets dag och den dagen då jag bestämde mig för att aldrig låta människor ta på mig igen utan lov.

Den sista dagen

Det var Pakistans självständighets dag, och det skulle firas med pompa och ståt. Jag var död inombords och det blev svårare och svårare att känna meningsfullhet. Mannen som stod för vårt boende hämtade oss nästan varje kväll. Vi var som djur attraktioner på zoo. Vi skulle vara vackra som en sommardag, flexibel som en fisk och lika villig som en honkatt i Mars.

Trots att det var Pakistans självständighetsdag var Said nerstämd, han vankade fram och tillbaks som en rastlös själ. Den här kvällen gick han inte omkring i sin handduk och hans leende prydde inte hans läppar. Hans ljusbruna ögon var inringade av mörkblåa vallgravar och hans rädsla stank som förmultnad kropp. Det var som om jag

någonstans inombords visste vad som väntade.
Under firandet av Pakistans självständighetsdag,
vann en viss polisman en "privat" dans, utfört av
Said. Blicken Said gav mig innan han gick i väg
med den allt för ivriga polismannen var full av
sorg och förtvivlan som ett djur på väg till slakt.

Mina intuitioner hade stämt för dagen efter
hittade några kvinnor Saids kropp, han var
våldtagen och blåslagen och väldig död. Samma
dag, dagen innan min flykt påbörjades och den
dag som Saids kropp hade hittats kom två
polismän och besökte vår lägenhet, tidigt stod det
klart för mig att deras ärende inte var relevant.
Den ena polisen såg sig omkring, han var inte för
mig okänd, vid flera tillfällen hade jag sett
honom svansa omkring efter Said som en
hanhund gör efter en löpande tik och det var han

som kvällen innan hade vunnit Saids privata dans.

Han sa högt:

- Tråkigt att en ung ska behöva dö så tidigt, men rånmord är inte allt för ovanligt i områden som de här.

Frågande såg jag på honom och sa:

- Vadå rånmord?

Polisens blick blev svart som natten och han fortsatte sedan:

- Din lilla pissmyra, tro inte att du vet något. Säger jag att det var ett rånmord så var det ett rånmord!!!

Han avslutade knappt sin mening innan en svidande och brännande känsla infann sig i min

kropp. Från ingen stans helt oväntat slår den
andra polisen till mig.

Sedan blir det nattsvart. När jag vaknar till ligger
jag i duschen, vad de hade gjort mot Said hade
de också gjort mot mig, den ända skillnaden var
att jag fortfarande andades. Mina känslor
överöste mig och mammas ord ekade återigen:

– Det är något som du får räkna med när du föds
till ett vackert barn!

Blå, öm och full skam klädde jag mig, min blick
skannade av rummet för sista gången. Jag hade
hört att människor hade börjat vallfärdas till
Europa som pilgrimer vallfärdas till heliga
platser. och sedan en tid tillbaka hade jag också
bestämt att göra detsamma, kontakterna var
knutna eftersom att en av smugglarnas största
intresse var att tjäna pengar och titta på dansande
pojkar, han var en frekvent åskådare med ett gott

öga för mig. Jag skulle pilgrimsvandra hela vägen hem. Jag var en hazara, hade ett ursprung ifrån Afghanistan och hade bott hela mitt liv i Pakistan men den jag var i mitt hjärta var någon helt annan, en person mer fri från kulturella influenser. Tillsammans med Saids gömda pengar hade jag 120000 rupies, det skulle inte räcka med det skulle bli en början.

Khoda hafez mamma

Det blev ett svårt farväl, min mammas tårkanaler
var överfyllda och vattenfall av tårar rann ner
längst hennes kinder. Hon stöttade mig
helhjärtat, när jag berättade om mina
pilgrimsplaner. Tidigt hade hennes moderliga
instinkter förmedlat hur svårt det hade varit för
mig, hennes ovala son att passa in i det
fyrkantiga samhället. Otaliga nätter hade hon
gråtit sig själv till sömns av frustration och
otaliga nätter hade jag gjort detsamma av sorg
för att jag inte kunde vara den mina föräldrar
önskade. Farvälet blev tårdrypande men
befriande för det är tungt att bära på besvikelser.

Khoda hafez

Khoda hafez mamma, jag kunde inte stanna.

Mina ord var sanna, även om de inte var granna.

Förbarma dig över mig, jag älskar dig.

Jag måste sträva, efter att framhäva, rättvisan i
livet är inget som vi kan ta förgivet.

Khoda hafez mamma det här är varför jag inte
kunde stanna.

Det var inte mitt val att födas till oval.

Så förbarma dig över mig, för evigt ska jag älska
dig.

Jag måste sträva, efter att framhäva, rättvisan i
livet, för det är något som jag borde kunna ta
förgivet.

Khoda hafez mamma.

Ska vi dansa?

Jag har alltid älskat att dansa, som barn tittade jag på Bollywood filmer. Jag satt som fastklistrad framför vår 14 tums tv och studerade noggrant Shah Ruhk Khan höft svängar. Dansen var färgglad, rytmisk och fyllt av liv.

Att dansa inför män som betraktar dig som om du vore en ätbar delikatess är inte lika angenämt och färgglatt. Said lärde mig de trippande dansstegen men det var så långt bort från Shah Ruhk Khan rytmiska och färgglada dans. Dansen var utmanande men skulle ändå avspegla oskuldsfullhet. Kombinationen var paradoxal men fyllde en skrämmande funktion, männen blev galna av iver och dansen lockade fram männens mörkaste fantasier och sidor.

Mitt ursprung

Jag ser ut som en hazara, har ett ursprung från Afghanistan men bodde största delarna av mitt liv i Pakistan. Min inre flykt från Pakistan påbörjades redan när jag som liten insåg att jag var annorlunda. Min yttre flykt påbörjades när jag tillslut insåg att min omgivning präglads utav ett kulturarv och faktum som aldrig skulle komma att tvättas ur.

Mina föräldrar flydde ifrån Afghanistan när Talibanernas fram mars skedde under 90-talet. I generationer har vi som föds till hazara varit förtryckta för att världen inte vill förlåta något som skedde historisk och religiöst för flera århundranden tillbaka. Mina förfäders förtryck har med största sannolikhet påverkat mina

föräldrars livssyn och rädsla för att bryta rådande
normer mer än nödvändigt. Det har varit viktigt
för dem att hålla fast vid vissa kulturella normer.

Hazara som folkgrupp är en fredlig
minoritetsgrupp utan någon terrorist grupp
anknutna till oss och ändå blir vi behandlade som
om vi vore en pest som borde
utrotas. Vi har inga rättigheter och vi har ingen
geografisk plats som vi kan kalla för hem.

Illegalt bor vi i Iran, Afghanistan och Pakistan
och i alla länder väntar för oss förtryck och död.
I Afghanistan är våra huvud en biljett till
paradiset, i Iran tvångsrekryteras vi in i militären
och i Pakistan råder det "target killing" Många
av oss har en dröm om att få bo på en plats där vi
precis som andra också fick vara värda livet, vi

trodde att lösningen hägrade i väst, det var därför

så många av oss pilgrims färdades dit.

Sverige

Ett av mina bästa minnen kring att känna och
uppleva inkludering i Sverige var när jag skulle
till Norrland på semester vilket innefattade en
flygresa till Luleå. Där på Arlandas flygplats,
terminal fyra, gate fem var jag som vilken svensk
som helst. Ingen såg på mig som om jag vore en
nyanländ hazara med avslag och sorg i bagaget.
just vid det tillfället kunde jag lika gärna varit
adopterad eller född i Sverige. Vid
passkontrollen svepte jag förbi som en vindpust
utan att personalen ville kontrollera mitt LMA
kort eller fråga mig om mitt ursprung. Det blev
en underbar start på en underbar semester.

Det största privilegiet som Sverige har gett mig är min nya svensk familj som verkligen älskar mig utan att göra skillnad på mig och dem. Tillsammans äter vi pakistansk mat och firar jul, skrattar och gråter. Min svenska farfar Börje har lärt mig att dricka kaffe och han tar mig med ut och fiskar och med min svenska farmor Marianne löser jag korsord och pratar om mening med. Jag har en fin familj här och utan dem hade livet varit svårt att genomlida.

I ett rött hus lever jag i mellersta Sverige tillsammans med en person som jag själv har valt. Ödet sammanförde oss tidigt på resans gång och gemensamt har vi genomlidit en hel del i väntan på diverse besked. Jag bär på en återkommande ångest och tanken på att återigen stå inför en separation är övermäktig. För i mitt bröst har en vitsippa börjat gro, rötterna är väl förankrade och det kommer inte vara enkelt att

låt den dö eller ännu mindre dra upp den.

Tillsammans med vitsippan bor det en

inneboende önskan om att jag skulle vara mer än

ett LMA-kort. som för tillfälligt säger vad jag

heter och vad jag får göra i Sverige. Jag vill vara

fri från tankar som återigen tar mig tillbaka till

det land som jag en gång lämnade. Jag vill inte

behöva tänka på att jag återigen måste dansa eller

sträva efter en överlevnad i ett land som har en

obefintlig värdegrund för människor. Jag vill

vara kvar i Sverige, för min vitsippa kan inte

överleva i ett annat klimat.

Mitt huvud bankar,

jag vill bli fri från dessa tankar.

jag är värd, mer än det här?

Min vitsippa gror och det beror på vart den bor

Låt den leva, för hur ska jag annars kunna

överleva?

Att dansa är som att chansa

Att vara värd livet måste väll ändå vara något

som vi alla borde kunna ta förgivet?